William Cookson

SPUREN

William Cookson

SPUREN

Gedichte

Englisch und Deutsch

Übersetzung und Nachwort
von Walter Baumann

EDITION
Noack
Block

Umschlagabbildung: William Cookson © Edmund Gray

Originalausgabe der englischen Gedichte:
Agenda 39, No. 4 (2003)
Poems printed by kind permission of Agenda Editions.

ISBN 978-3-86813-081-2

Herstellung durch Edition Noack & Block in der Frank & Timme GmbH,
Wittelsbacherstraße 27a, 10707 Berlin.
Printed in Germany.
Gedruckt auf säurefreiem, alterungsbeständigem Papier.

www.noack-block.de

William Cookson (1939–2003)

certain men move in phantasmagoria; the images of their gods, whole countrysides, stretches of hill land and forest, travel with them

[Ezra Pound, 1918]

Flower or not flower, mist or not mist, was here –
At midnight, came – with day, no longer there!
Came, as a dream of spring, a time;
Went, like a cloud at dawn, no where,

[Po Chü-i, a.D 772–846]

no vestige save in the air

[Ezra Pound, *Pisaner Gesänge* 1948]

What seest thou els
In the dark – backward and Abisme of Time?

[Shakespeare, *Der Sturm* 1610/11]

gewisse Menschen leben in Phantasmagorien; die Bilder
ihrer Götter, ganze Landstriche, Hügelketten, Felder
und Wälder begleiten sie.

[Ezra Pound, 1918]

Blumen oder keine Blumen, Nebel oder keinen Nebel, gab es hier –
Um Mitternacht, kam – bei Tag, nicht mehr vorhanden!
Kam, wie ein Frühlingstraum, eine Zeit;
Ging, wie eine Wolke im Morgengrauen, nirgends wohin.

[Po Chü-i, a.D 772–846]

keine Spur außer in der Luft

[Ezra Pound, *Pisaner Gesänge* 1948]

Was siehst du anderes
Im Dunkeln – rückwärts im Abgrund der Zeit?

[Shakespeare, *Der Sturm* 1610/11]

DREAM TRACES

A Sequence

I

Ancient sadness

Rumours of the death of Pan

Wept on the forest moss
          in the dawn

II

Rattle of thunder

I dreamt
          from a window
  cirrus-cloud
          receding from blue quietude

Distant thunder today
The great trees
          beyond the pane
stir
      in the dream wind

III

Sequoia
          storied
                    into timeless blue

TRAUMSPUREN

Eine Sequenz

I

Uralte Trauer

Gerücht über Pans Tod

Weinte ins Moos im Wald
in der Morgendämmerung

II

Krachender Donnerschlag

Ich träumte
aus einem Fenster
Eine Schleierwolke
zog sich zurück aus der blauen Stille

Fernes Donnern heute
Die großen Bäume
jenseits der Scheibe
rühren sich
im Traumwind

III

Der Mammutbaum
legedenumwoben
im zeitlosen Blau

IV

On a corner, near Battersea Bridge,
a faint moon
            almost full
                        low over the road
which leads south-west.

I waited long.

Dusk.

Turning away,
I noticed to the north
a rising wood
            tangled in mist.

V

Boles red gold in a late sun.

A place far back.

That avenue ended in a blue waste

IV

An einer Ecke, nahe der Battersea-Brücke,
ein blasser Mond
            fast voll
                        knapp über der Straße
die nach Südwesten führt.

Ich wartete lange.

Dämmerung.

Mich abwendend,
bemerkte ich gegen Norden
einen sich erhebenden Wald
            verschlungen im Nebel.

V

Baumstämme goldrot in spätem Sonnenschein.

Ein weit zurückliegender Ort.

Jene Allee endete in einer blauen Öde

VI

Grey day and your hair wild.

Walking back
            while you journey underground
I see your face again
            In moist gusts of river wind.

Years back, a girl's face
            contoured by long black hair
appeared through the grey rain
            on a tract of barren land.

You connect now
            with this trace of an old dream.

VII

Dappled grey and umber white
            the cloud-crags sail …

VIII

Life would have stopped, you said.

Now in the study you made
I think of the sycamore we planted.

It will survive a few more years,
            its roots boxed in.

VI

Ein grauer Tag und deine Haare sind wild.

Auf dem Rückweg
während du in der U-Bahn bist
sehe ich dein Gesicht wieder
In feuchten Böen des Flusswinds.

Vor Jahren, ein Mädchengesicht
umrahmt von langem schwarzen Haar
erschien im grauen Regen
auf einem Stück Brachland.

Du bist jetzt verbunden
mit dieser Spur eines alten Traums.

VII

Grau gesprenkelt und umberweiß
fahren die Wolkenzacken dahin …

VIII

Das Leben wäre aus gewesen, sagtest du.

Jetzt im Studierzimmer das du eingerichtet hast
denke ich an die Platane die wir pflanzten.

Sie wird noch ein paar Jahre überleben,
mit ihren eingeklemmten Wurzeln.

We could still take it to Surrey
and plant it in woodland I knew.

Too late to shed
          the encrustations of the years.

*

Birches quiver in blue air
Woods dashed with rain

*

But the landscape you first saw in a dream
          we suddenly found.
That sloping wood
          half-lit by a low sun
lives now in my mind
as it survived in yours from a child.

*

Those dusty leaves on the balcony
          will soon fall.

And old knotted walls I'd built in the mind
          I could not break down.

Tonight, while you journey to Wales
I think of the dark tracts of wild and field
          widening between us.

Wir könnten sie wohl nach Surrey mitnehmen
und sie in einem Wald den ich kenne einpflanzen.

Zu spät zum Abschütteln
        der Verkrustungen der Jahre.

*

Die Birken zittern in blauer Luft
Die Wälder gepeitscht vom Regen

*

Aber die Landschaft die du zuerst in einem Traum gesehen hast
        fanden wir ganz plötzlich.
Jenen abschüssigen Wald
        halb von der Sonne beleuchtet
lebt jetzt in meinem Hirn
wie er seit der Kindheit in deinem weiterlebt.

*

Jene staubigen Blätter auf dem Balkon
        werden bald fallen.

Und alte verzwickte Mauern die ich im Geist errichtet hatte
        konnte ich nicht niederreißen.

Heute Abend, während du nach Wales fährst
denke ich an den dunklen Bereich von Wildnis und Feldern
        der sich zwischen uns erweitert.

IX

Sunlight beyond the pane
Trees stirring
        old green in gold

A wraith of spring

The past flashes
        on a drift of wind

X

I wake to find you gone.

An undercurrent of sound:
wind in the green planes
brings peace.

At six
I watch their dusky green
tossing against a rain-grey dawn.

XI

Lying awake
I've reached the woodland of your dream
searching …
Long since we walked under those boughs.

It's clear tonight.
Out there,
where gnarled roots grip the dank earth,
the wind sways dying leaves
across the scattered stars.

IX

Sonnenlicht jenseits der scheibe
Bäume machen
altes Grün zu Gold

Ein Frühlingsgeist

Das Vergangene leuchtet auf
im vorbeiwehenden Wind

X

Ich erwache und du bist weg.

Ein Nachhall von Tönen:
Wind auf den großen Ebenen
bringt Frieden.

Um sechs
sehe ich wie das dunkle Grün
gegen eine regengraue Dämmerung prallt.

XI

Wach daliegend
habe ich den Wald deiner Träume erreicht
und suche …
Vor langer Zeit sind wir unter diesen Zweigen spaziert.

Es ist klar heute Nacht.
Dort draußen,
wo knorrige Wurzeln die feuchte Erde ergreifen,
der Wind die sterbenden Blätter verweht
unter die verschütteten Sterne.

XII

Roots of old pain.

The cold would suit their need.

Journeying back
    to a remote place
I've come past two spruce firs
    over heather
and a tract of wild grass
    to the edge of a wood
where three silver birches
    sprung from a single root
gleam in the winter dusk

The bleak sky
    set for a night of snow.

XIII

Sun-shaft on the wall

Through trunks of planes
    a vista of faint green
shines in the new air

*

Wept on the forest moss
    at dawn

XII

Die Wurzeln einer alten Qual.

Die Kälte käme ihrem Bedürfnis entgegen.

Auf der Rückreise
          in einen abgelegenen Ort
bin ich an zwei Fichten vorbeigekommen
          übers Heidekraut
und ein Stück mit wildwachsendem Gras
          zu einem Waldrand
wo drei Silberbirken
          aus einer einzigen Wurzel sprossten
strahlend in der winterlichen Dämmerung

Der trübe Himmel
          bereit für nächtlichen Schneefall.

XIII

Ein Sonnenstrahl an der Wand

Durch die Platanenstämme
          ein Blick auf schwaches Grün
leuchtend in der neuen Luft

*

Weinte ins Moos im Wald
          in der Morgendämmerung

THREE POEMS OF CHILDHOOD

Legends

(i)

Engraved in an ancient book
grey horses drew a chariot in the sky
above the gnarled bole of a shattered tree

(ii)

Those mounds of luminous grey
            in the north-east sky
recall a recurrent dream:

a house with towers
            above a twilit valley
where soft grass gleamed
            buried in blue mist

FOX

Dusk-star
            over bracken hills
by the wayless woods

A glimpse of rusty fur
            crossed the lower track
into the tangled dark

DREI KINDHEITSGEDICHTE

Legenden

(i)

Auf einem Stich in einem alten Buch
zogen Schimmel eine Kutsche am Himmel
über den knorrigen Stamm eines geknickten Baums

(ii)

Jene Ballungen von leuchtendem Grau
        im nordöstlichen Himmel
erinnern an einen sich wiederholenden Traum:

ein Haus mit Türmen
        über einem Tal im Zwielicht
wo weiches Gras aufleuchtete
        aus blauem Dunst

FUCHS

Der Abendstern
        über farnbedeckten Hügeln
in weglosen Wäldern

Kurz gesehen einen rostigen Pelz
        den unteren Pfad überquerend
hinein ins dunkle Gestrüpp

AN OLD PANIC

The pale lineament of veins
          in a child's palm
formed a nameless fear

by a concrete wall
          jagged, war-riven

on a sandy waste
          one summer day

EINE ALTE PANIK

Die schwache Zeichnung der Blutadern
auf einem Kinderhandteller
brachte namenlose Angst hervor

an einer Betonmauer
schartig, kriegsbeschädigt

auf einer sandigen Öde
eines Sommertags

FALSE SPRING

Wind strong from the south
brings spring in autumn
this bright day

the room in shade

Quicksilver, gold –
forms move in radiance
beyond the horizon
of my mind

FALSCHER FRÜHLING

Starker Wind aus Süden
bringt den Frühling im Herbst
an diesem heiteren Tag

das Zimmer im Schatten

Quecksilber, Gold –
Formen bewegen sich und leuchten
jenseits des Horizonts
von meinem Verstand

FIVE POEMS FOR K.

Who sheds such light in the air
[Ezra Pound, Canto VI]

TWO DREAMS, YEARS APART

(i)

Caligine densus opaca

I reached the station at the end of the line
and walked a short distance
for a purpose since forgotten.
Going back
I skirted a small wood
of dingy, stunted firs.
Half-charred
their dusty boughs
moaned in the deepening dark.

(ii)

When you entered my sleep, I saw
a long tract of water, glass-still
reflecting lakes in the sky:

white-yellow, faint green, translucent blue.

FÜNF GEDICHTE FÜR K.

der solch ein Licht in die Luft schüttet
[Ezra Pound, Canto VI]

ZWEI TRÄUME, DURCH JAHRE GETRENNT

(i)

Caligine densus opaca[*]

Ich kam zur Endstation
und lief eine kurze Strecke
wegen etwas das ich seither vergessen habe.
Auf dem Rückweg
ging ich an einem Wäldchen entlang
bestehend aus dürftigen, verkümmerten Tannen.
Halb verkohlt
ihre verstaubten Äste
stöhnten in der zunehmenden Dunkelheit.

(ii)

Als du in meinen Schlaf kamst, sah ich
eine lange Wasserfläche, glasglatt
die Seen ím Himmel widerspiegelten:

weißgelb, blassgrün, durchsichtiges Blau.

---

* [von dichtestem Nebel umschattet (Ovid, Met. 10.54)].

IN THE MORNING YOU ALWAYS COME BACK

Dawn
    at the end of empty roads
breathes with your lips.
Grey light
    your eyes
soft drops of dawn
von the dark hills
Your step
    your breath
like the dawn wind
submerges the houses.
The town shudders
    the stones smell –
you are life;
    awaking.

Fading star in the dawn-light
    creak of wind
first warmth, breath –
    the night gone.

You are the light
    and the morning.

(After Pavese)

AM MORGEN
KOMMST DU IMMER ZURÜCK

Der Tagesanbruch
am Ende von leeren Straßen
atmet es mit deinen Lippen.
Graues Licht
deine Augen
sanfte Tautropfen der Frühe
auf den dunklen Hügeln
Dein Schritt
dein Atem
wie der Morgenwind
überschwemmt die Häuser.
Die Stadt erbebt
die Steine riechen –
du bist das Leben;
das erwachende.

Verblassender Stern im Morgenlicht
das Pfeifen des Winds
erste Wärme, Atem –
die Nacht ist vorbei.

Du bist das Licht
und der Morgen.

(Nach Pavese)

NIGHT LETTER

Early this year
          I watched most of one night
your image in my mind.

Cloud-rift of pale green
          behind the winter planes
their grey entanglements
          against the dawn.

For a week or two
          the air alive –
common light transfigured.

And so in distant flashes
          your shadow went with me
till summer's end.

Then all lines severed.

Old leaves swayed in a watery sun.
Rain-bearing winds tonight
          sweep them to the ground.

I rake in the dark past:

*

Star over wind-torn moor.
Tattered heather.
Moon-smouldering sky.

BRIEF AUS DER NACHT

Früh in diesem Jahr
        betrachtete ich den größten Teil einer Nacht
dein Bild in meinem Geist.

Der Wolkenriss fahl grün
        hinter den winterlichen Platanen
ihr graues Astwerk
        gegen das Frühlicht.

Während ein zwei Wochen
        war Leben in der Luft –
das gemeine Licht war verwandelt.

Und so in fernem Leuchten
        ging dein Schatten mit mir
bis ans Sommerende.

Dann brachen alle Verbindungen ab.

Alte Blätter zitternd in wässeriger Sonne.
Regenbringende Winde heute Nacht
        fegen sie zu Boden.

Ich stöbere in der dunklen Vergangenheit:

*

Ein Stern über dem windzerzausten Moor.
Zerfetztes Heidekraut.
Glimmender Mondhimmel.

*

Against sunrise
a forest of oak birch
beyond gleaming lawns.
Undergrowth glistens.
Chill moss.
Toadstool half-hidden
and lichen on a stump
ruined and overgrown.

*

The caverned face
          of a black stone
my father found
          beside a grass-choked ditch.
He said it must have fallen
          from the sky.

*

The battered woods sough.

Giant trees of childhood
          cataracting
in the wind-flood.

Bright fragments melted
          when it died

*

In Richtung Sonnenaufgang
ein Wald aus Eichen und Birken
jenseits schimmernder Wiesen.
Das Unterholz erglänzt.
Frost auf dem Moos.
Der Fliegenpilz halb versteckt
und Flechten an einem Baumstrunk
der zunichte und überwachsen ist.

*

Das ausgehölte Gesicht
        eines schwarzen Steins
den mein Vater
        neben einem grasverstopften Graben fand.
Er sagte er müsse aus dem Himmel
        gefallen sein.

*

Die geschundenen Wälder rauschen.

Baumriesen der Kindheit
        stürzen
in die Flut der Winde.

Helle Bruchstücke schmolzen
        im Sterben

*

My friend you made me live again this year
so I send you this handful of old images.

Jumbled and broken,
they shone again
            in the early hours
drawing back to the dull rush of the rain.

Drops shake crinkling leaves
            in the bleak dawn.

Darkness slowly gathers in my mind.

*

Mein Freund du ließet mich wieder leben dieses Jahr
daher schick ich dir diese Handvoll alter Metaphern.

Durcheinander und zerbrochen,
erstrahlten sie wieder
in den Morgenstunden
und zogen sich zurück in den trüben Guss des Regens.

Tropfen schütteln zerknitterte Blätter
im trüben Morgengrauen.

Langsam ballt sich in meinem Hirn die Dunkelheit.

SPRING NIGHT

Walking back from you
    near April's end
over petals scurrying like snow
it's your light that has taken
    the live winds.

REMEMBERING AN OLD LETTER

In touch again
    after years
I return to an autumn night
when I sat by a window in Wales
    writing to you

Copper half-moon
    low over valley wood
owl's cry, dim sound of a stream

The vast stillness of the mountains –
    the journeying stars

Soon after dawn
    an orange sun
near where the moon had been
lit frail tops of trees
    above bright mist

FRÜHLINGSNACHT

Als ich von dir wegging
        gegen Ende April
über Blütenblätter die wie Schnee herumwirbelten
war es dein Licht das aufnahm
        die lebendigen Winde.

AN EINEN ALTEN BRIEF DENKEND

Wieder in Kontakt
        nach Jahren
kehre ich in eine Herbstnacht zurück
als ich in Wales am Fenster saß
        und dir schrieb

Der kupferne Halbmond
        knapp über dem waldigen Tal
der Ruf der Eule, das schwache Rauschen eines Bachs

Die unermessliche Stille der Berge –
        der wandernden Sterne

Bald nach der Dämmerung
        eine orangene Sonne
fast dort wo der Mond gewesen war
beleuchtete zarte Baumkronen
        über dem hellen Nebel

WHERE?

Eyes brown-topaz
          sheer brow
cascading hair

Twigs stir
          by a garden gate
half-shadowed at sunrise

Dim cries
          of winter birds

WO?

Augen topasbraun
          glatte Stirn
herabfallendes Haar

Zweige regen sich
          bei einem Gartentor
im Halbschatten, wenn die Sonne aufgeht

Schwache Rufe
          der Wintervögel

AUTUMNAL

Between stunted trees
a rutted track
choked with withered leaves.

*

Last March
brown eyes shed love
on a station platform
but by the evening
you were gone.

Your water-colour
in my study –
the wraith of a flower
wafted on blue air …

The recognition came
too late.

HERBSTLICH

Zwischen krüppeligen Bäumen
ein aufgewühlter Weg
überschüttet von welken Blättern.

*

Im letzten März
verbreiteten braune Augen Liebe
auf einem Bahnsteig
doch als der Abend kam
warst du weg.

Dein Aquarell
in meinem Studierzimmer –
der Geist einer Blume
verweht in blauer Luft …

Die Erkenntnis kam
zu spät.

WINTER

Soon after sunrise
trudging snow
I search for the heron
but the lake is frozen
where we saw him fish.

On his island
black boughs
against a sky
of lead and rose.

WINTER

Bald nach Sonnenaufgang
durch den Schnee stapfend
suchte ich den Reiher
doch der See war gefroren
wo wir ihn beim Fischen gesehen hatten.

Auf seiner Insel
schwarze Äste
vor dem Himmel
aus Blei und rosarot.

SPELL

A Sequence For P.

Al poco giorno ed al gran cerchio d'ombra

DIS

I dreamt when our love began
we sat on a common, at dusk.

Heather, bronze-gold.

I was beckoned
but wanted to stay.

You looked aside.

'My name is Dis', he said
'we'll grow to love each other'.

He led me down many stairs.

Love, lie again in my arms.
Lay the dust of that dream.

VERZAUBERUNG

Eine Sequenz für P.

*Al poco giorno ed al gran cerchio d'ombra**

DIS

Ich träumte vom Anfang unserer Liebe
wir saßen auf einer Allmende, im Zwielicht.

Heidekraut, gefärbt wie Bronze oder Gold.

Man winkte mir
aber ich wollte bleiben.

Du sahst zur Seite.

‚Mein Name ist Dis', sagte er
‚wir werden einander zu lieben anfangen'.

Er führte mich viele Treppen hinunter.

Liebste, leg dich wieder in meine Arme.
Wisch weg jenen Traum.

---

* [Dante: Im schwachen Tageslicht und im großen Kreis des Schattens].

FIVE HAIKUS

(i)

Did you take me
    into the gentleness of your hands
just to shatter?

(ii)

Cool air – a leafy dawn.

I need your pale eyes
To lead me back to light.

(iii)

Behind my eyes
    skeletal boughs
a leaf-strewn forest
    torn by autumn gales.

(iv)

I've been falling
    layer by layer
to the black pit where nothing is.

(v)

In far regions
    too near and void of light
I fear the universe.

FÜNF HAIKUS

(i)

Nahmst du mich
          zärtlich in deine Hände
nur um mich fertig zu machen?

(ii)

Kühle Luft – ein grüner Morgen.

Ich brauch deine blassen Augen
um mich ins Licht zurück zu führen.

(iii)

Hinter meinen Augen
          skelettartige Äste
ein belaubter Wald
          zerzaust von den Herbststürmen.

(iv)

Ich bin gefallen
          von Stufe zu Stufe
in die schwarze Grube wo nichts ist.

(v)

In weiten Räumen
          zu nah und ohne Licht
Das Universum macht mir Angst.

FALL

I tried to share my world with you.

It took fire
    toward light and air.

When you withdrew
    it knotted into grief.

STURZ

Ich versuchte meine Welt mit dir zu teilen.

Sie schwärmte
dem Licht und der Luft entgegen

Als du dich zurückzogst
verfing sie sich in Trauer.

STILLED

The rugged, ancient boughs
of your tulip tree
in the deep garden
where we walked.

No more frantic calls
no more blind visits.

I thought we had changed eyes.

Now I send you love
in token of your gentleness
for a few enchanted weeks:

In the waves
your drifting red-brown hair.
Wild woodlands where we strayed.
Under an oak
that thrust in ecstasy
no words can spell.

Memories etched
on a blank London day.

I have had my earthly joy.

BESÄNFTIGT

Die knorrigen, alten Zweige
deines Tulpenbaums
im versenkten Garten
wo wir spazierten.

Keine verzweifelten Anrufe mehr
keine zufälligen Besuche.

Ich glaubte wir hätten andere Augen bekommen.

Jetzt schick ich dir Liebe
als Dank für deine Zärtlichkeit
für die paar zauberhaften Wochen:

In den Wellen
dein wehendes rotbraunes Haar.
Das wilde Waldgebiet in dem wir streunten.
Unter einer Eiche
jener Stoß der Ekstase
den keine Worte ausdrücken können.

Erinnerungen eingraviert
in einen leeren Londoner Tag.

Meine Erdenfreude, ich hab sie gehabt.

SPELL

A cirrus wing
        webbed in the dawn wind.

Months since you fled
        pale eyes draw me
through heather, bracken
wind-riven woodlands
        desert places
the wilderness is your domain.

*

Frost-crust fades
        in a later dawn.

Pictures of our brief summer
        go with me

colour air
soft with an inkling of spring.

Slow detritus
        toward oblivion.

*

Elemental
you cannot break the spell.

VERZAUBERUNG

Eine Zirruswolke
gewoben im Morgenwind.

Noch Monate nach deiner Flucht
locken mich blasse Augen
durch Heide- und Farnkraut
in windzerzausten Wäldern
zu einsamen Winkeln
die Wildnis ist dein Revier.

*

Die Frostschicht vergeht
in einem späteren Sonnenaufgang.

Bilder unseres kurzen Sommers
begleiten mich

die Farbe der Luft
zart wie eine Frühlingsahnung

Langsamer Rutsch
ins Vergessen.

*

Ganz einfach
du kannst dieser Verzauberung nicht entkommen.

DREAM QUEST

Dreaming at dawn
I passed a white ruin
to walk through dusky gold
down a deep lane
knowing neither the place
nor the direction.

*

That dream shadows the day.

Journeying far
          I leave flowers
on the threshold
          of an empty cottage.

Then see your dull green car.
You're at the cottage window
          flowers gone.

*

Slant December gold.

We walk down a deep lane.

*

Grey London
Your presence
in the holly twigs
you wrenched
to give me.

TRAUMSUCHE

Im Traum am Morgen
kam ich an einer weißen Ruine vorbei
und lief durch dunkles Gold
einen vertieften Weg hinunter
ohne Kenntnis des Orts
oder der Richtung.

*

Jener Traum überschattet den Tag.

Weiterziehend
            lasse ich Blumen
auf der Türschwelle
            eines unbewohnten Häuschens.

Dann seh ich dein mattgrünes Auto.
Du bist am Fenster des Häuschens
            die Blumen sind weg.

*

Schräges Dezembergold.

Wir laufen einen tiefen Weg hinab.

*

Das graue London.
Dein Hiersein
in den Stechpalmenzweigen
die du abbrachst
um sie mir zu geben.

GIFTS

(*Bonzai, opals*)

I give
stillness
In this spindly pine.

Stones
to match colours
in your eyes.

A LITTLE LIGHT…

A hillside forest
moss in tangled light
flickers
in dark regions of the mind.

NIGHT

Stillness of stone pines.

I clamber crumbling crags
searching for your return.

GESCHENKE

(*Bonzai, opals*)

Ich schenke
          Ruhe
In dieser spindeldürren Tanne.

Steine
          deren Farbe übereinstimmt
mit deinen Augen.

EIN BISSCHEN LICHT …

Ein bewaldeter Abhang
          das Moos im wirren Licht
flimmert
          in den dunklen Regionen meines Hirns.

NACHT

Die Stille der Zirbelkiefern.

Ich kraxle auf brüchige Felsen
um deine Rückkehr zu erspähen.

CODA

Occluded banks
          no grass-blade
nor stir of air

The darkness of time

What can I give you
but embers from the past?

*

In far woods
a room in shade
flood of sunlight outside

Through ruined oaks
          tangled twigs
search for the golden flower

Tracts of bright mist

The tower that shines
          in the sunrise

*

A solitary bird-cry
          before dawn
renews ancient pain

CODA

Unzugängliche Ufer
                    weder Grashalm
noch Lufthauch

Die Dunkelheit der Zeit

Was kann ich dir geben
außer Glut aus der Vergangenheit?

*

In fernen Wäldern
ein Ort im Schatten
draußen die Flut des Sonnenlichts

Durch zerfallene Eichen
                    im Wirrwarr der Äste
die Suche nach der goldenen Blume

Helle Nebelstreifen

Der Turm der leuchtet
                    im Sonnenaufgang

*

Ein einsamer Vogelschrei
                    vor dem Sonnenaufgang
erneuert alten Schmerz

THE RETURN

The Isabella Plantation, Richmond Park

For Margaret
alcun vestigio

You took me to this place
          eight years ago

Now a hurricane since
          from drifts of bluebells
under ancient boughs
          to giant birch
white gold
          their tracery
against blue air
          we walk with our child
in this quietude
          searching again
for a vestige of paradise

DIE RÜCKKEHR

Isabella Plantation, Richmond Park

Für Margaret
*alcun vestigio**

Du nahmst mich mit an diesen Ort
        vor acht Jahren

Jetzt im Sturm seither
        durch Scharen von Glockenblumen
unter uralten Ästen
        zur gigantischen Birke
weißes Gold
        ihr Flechtwerk
als Kontrast zur blauen Luft
        spazieren wir mit unserem Kind
in dieser Stille
        einmal mehr auf der Suche
nach einer Spur zum Paradies.

---

* [irgendeine Spur].

MONOCEROS

And if the stars be but unicorns

In a long drought
 on dusky grass
by a scrub path
 a unicorn
formed in a trace of air

My daughter tells me
 of journeying in dreams
to count the stars

MONOCEROS

Und wenn die Sterne bloß Einhörner wären

In einer langen Trockenheit
auf dunklem Gras
bei einem Pfad im Gebüsch
bildete sich in einer Luftblase
ein Einhorn

Meine Tochter erzählt
vom Reisen in Träumen
um die Sterne zu zählen

OUT OF THE WORLD, OUT OF TIME

Shape shifting
the cloud-range
voyage

Tree-crests glitter in a late sun

The green-gold light
those air-drawn forms

I search for a land beyond death
where old loves, familiar things
are strange and new

AUS DER WELT, AUS DER ZEIT

Die Form verändernd
gehen die Wolkenberge
auf Reisen

Baumkronen glitzern in der späten Sonne

Jenes grüngoldene Licht
jene luftgezeichneten Formen

Ich suche nach einem Land jenseits des Todes
wo alte Liebschaften, vertraute Gegenstände
fremd und neu sind

WALK

Crossing a long marsh
          beside black pines
I came to a group
          of broken trees
sapless, shell-riven
          on a low plateau
at the limits of a waste of sand

SPAZIERGANG

Beim Überqueren eines langen Rieds
          neben schwarzen Kiefern
kam ich zu einer Gruppe
          geknickter Bäume
saftlos, von Kugeln zerrissen
          auf einer niedrigen Plattform
angrenzend an einen Sandhaufen

NEW FIRES, OLD FIRES

A Sequence

INDIAN SUMMER

To the north
        beyond the city roofs
White turrets of cloud
        in the soft air

You stir
        sheer colours, lights
        far woods on hills
from remote regions
        in my mind

AUTUMNAL

Western wind, when wilt thou blow …

I part from you
        into sunburst
and gusty shower
        the Western wind of the fall
lit by your sea-green eyes

NEUE FEUER, ALTE FEUER

Eine Sequenz

ALTWEIBERSOMMER

Gegen Norden
            jenseits der Dächer der Stadt
weiße Wolkentürme
            in der milden Luft

Du weckst
            pure Farben, Lichter
            ferne Wälder auf Hügeln
aus fernen Gegenden
            in meinem Kopf

HERBSTLICH

Westwind, wann wirst du wehen …

Ich gehe fort von dir
            in die Sonnenglut
und den stürmischen Regen
            der herbstliche Westwind
beleuchtet von deinen meergrünen Augen

EARLY HOURS

But nothing save the slippry aire (unhappy man) he caught

I dreamt I almost held you in my arms

Waking to the blank dark
the mind moves
          through trackless woods
into thickets drenched with dawn

APRIL

Red strays of ruined springs

Bird-cries hurt
          this grey morning
in the park

Now you're far over the waters
          in a foreign town
there's magic where we walked
          your presence in the air

*

You've stirred
          loves lost down the years
shadows of ancient pain

FRÜHE STUNDEN

Doch nichts außer glitschiger Luft (armer Kerl) fing er

Ich träumte ich hielte dich fast in meinen Armen

Erwachend in der dunklen Leere
bewegt sich der Geist
        durch weglose Wälder
ins vom Morgen durchtränkte Dickicht

APRIL

*Red strays from ruined springs**

Vogelschreie tun weh
        an diesem grauen Morgen
im Park

Jetzt bist du weit weg übers Meer
        in einer fremden Stadt
es gibt Magie wo wir spazierten
        dein Hiersein in der Luft

*

Du hast auferweckt
        verlorene Liebschaften aus früheren Jahren
Schatten alter Qualen

---

* [A. C. Swinburne: Rote Überbleibsel aus verdorbenen Frühjahren].

REMNANTS OF FIFTY YEARS

(i)

Sunset
    a furnace
beyond heather-brown hills

(ii)

Above a bank
beside that drab branch-line
    in thunder-wind
those leaves were wild
when I walked by the borders
    of another world

(iii)

Wind-cry
and sound of woodland horn –
a shaft of sun
    upon a stuccoed wall

(iv)

Passing Augustan houses
    in a different season
gold cross-lit London rooms
    at ebb of day

(v)

Sounds muffled by sleep
travelled from sunlit distances

RESTEN AUS FÜNFZIG JAHREN

(i)

Sonnenuntergang
        ein Hochofen
über heidekrautbraunen Hügeln

(ii)

Über dem Damm
neben jener dürftigen Nebenlinie
        im Donnerwind
jene Blätter waren wild
als ich vorbeizog an den Grenzen
        einer anderen Welt

(iii)

Heulender Wind
und der Ton des Waldhorns –
ein Sonnenstrahl
        an einer Wand mit Stukkatur

(iv)

Vorbei an augusteischen Häusern
        in eine andere Zeit
Gold im Kreuzlicht in Londons Salons
        am Ende des Tags

(v)

Vom Schlaf gedämpfte Töne
herkommend aus besonnter Ferne

IN BATTERSEA PAR

A Sequence (1957–1994)

THE WILDERNESS SURVIVES

The old English Garden

In autumn and especially September
we feel the nearness of Erebus
the flowers withering back to earth
and the departure of Proserpine.

*

In this sunken garden
          the birds call
and what they say
          you will never understand
though you imagine
          satyrs in the underbrush
or nymphs dancing
          through the fleckered shade
for even in Battersea Park
          the gods exist.

IM BATTERSEA PARK

Eine Sequenz (1957–1994)

DIE WILDNIS ÜBERLEBT

Der alte englische Garten

Im Herbst besonders im September
spüren wir die Nähe von Erebus
die Blumen welken zurück in die Erde
und Proserpina reist ab.

*

Im tiefergelegenen Garten
          rufen die Vögel
und was sie sagen
          wirst du nie verstehen
obwohl du dir einbildest es gäbe
          Satyrs im Unterholz
oder tanzende Nymphen
          im gesprenkelten Schatten
da selbst im Battersea Park
          die Götter existieren.

MIST'S PITCH*, IN TWO SEASONS

A radiant tract at dawn
where laden twigs
          an hour before the thaw
held stillness
          in each particle of snow.

*

In a later year
          by the wood path
nettles in thundery light
          stir under leaden air.

---

* [*Mist's Pitch* is a small plateau in a copse that was turned into a nature reserve by Brian Mist (1937–2002) in 1976].

MIST'S PITCH*, IN ZWEI JAHRESZEITEN

Ein strahlendes Revier im Morgengrauen
wo die beladenen Zweige
          eine Stunde vor dem Auftauen
Stille speichern
          in jeder Flocke von Schnee.

*

In einem späteren Jahr
          am Waldweg
wo Nesseln in gewittrigem Licht
          sich bewegen in bleierner Luft.

---

* [*Mist's Pitch* ist ein kleines ebenes Stück Land in einem Gehölz, das 1976 von Brian Mist (1937–2002) in ein Naturschutzgebiet verwandelt wurde].

A SPRING

FROM THE WATERS UNDER THE EARTH

The borehole

In today's dream
        by a wooded island
it flows from the realm of the dead.

The sun's disc
        on the dark lake
dazzles and slides.

*

I return one night
to find the spring is stilled.

Full moon
        behind the island trees
a pale filament
        upon the lake's black glass.

EINE QUELLE

VOM WASSER UNTER DER ERDE

Das Bohrloch

Im Traum von heute
          von der bewaldeten Insel
fließt sie aus dem Reich der Toten.

Die Sonnenscheibe
          auf dem dunkeln See
blendet und rutscht weiter.

*

Eines Nachts komme ich zurück
und sehe dass die Quelle versiegt ist.

Vollmond
          hinter den Bäumen der Insel
ein blasser Glühfaden
          auf dem schwarzen Glas des Sees.

LOCAL EPIPHANIES

Thou shalt not always walk in the sun

Particles of light
          in Battersea Park
where live air moves
          through new leaves

In long grass
dandelion, white nettle, buttercup
          picked by my daughter

She's laid them
          in a 'secret place'
close to a silver birch

Once
      crossing the Albert Bridge
the sunlit wind
          opened a garden

The mind should hold
          moments like these
until
      in the end
from the long dream of the years
          we awake to death

HEIMISCHE OFFENBAHRUNGEN

Du wirst nicht immer im Sonnenschein wandeln

Lichtteilchen
        im Battersea Park
wo lebendige Luft
        durch neue Blätter weht

Im langen Gras
Löwenzahn, Weiße Taubnesseln, Butterblumen
        gepflückt von meiner Tochter

Sie legte sie
        an einen ‚geheimen Ort'
nah bei der Silberbirke

Einmal
    beim Gehen über die Albert-Brücke
kam der sonnenhelle Wind und
        eröffnete einen Garten

Der Geist sollte sich halten
        an Augenblicke wie diesen
bis wir
    am Schluss
aus dem langen Traum der Jahre
        zum Tod erwachen

Nachwort

Sein Vater war schon 70 Jahre alt, als William Cookson am 8. Mai 1939 in London zur Welt kam. Wie sein Sohn war George Cookson (1870–1949) Lyriker und Gründer sowie Herausgeber einer Zeitschrift. Der Vater, der seine Gedichte noch zu Lebzeiten Swinburnes publiziert hatte, gründete 1936, als Schulinspektor im Ruhestand, *English*, das Organ der English Association, die heute ihren Sitz an der Universität Leicester hat. Der Sohn gründete 1959 *Agenda*, die dem Modernismus verpflichtete Lyrikzeitschrift.

Sein Vater starb, als William erst zehn Jahre alt war. Schon mit dreizehn fing er an, Gedichte zu verfassen. 1955 entdeckte er zufällig ein Exemplar von *A Selection of Poems by Ezra Pound* (1940). Zunächst fand er Pound schwieriger als den ihm schon vertrauten Eliot; aber er hielt durch, begann alles zu kaufen, was er von Pound finden konnte, und wurde in jeder Hinsicht sein Jünger. Seine Mutter, die ebenfalls Gedichte schrieb, teilte seine Pound-Begeisterung und schenkte ihm die 1955 bei Scheiwiller in Mailand erschienene neue Folge der Cantos: *Section: Rock-Drill 85–95 de los cantares*. Bei der Lektüre der Paradies-Cantos 90–95 sei es ihm gewesen wie beim Sich-Verlieben. Damals war er noch nicht in Oxford, sondern an der Westminster-Schule. So erschien seine Rezension von *Rock-Drill* im *Trifler*, der Schülerzeitschrift. Pound lobte sie als die beste seit der Noel Stocks, eines anderen Jüngers.

1958, ein paar Monate nach Ezra Pounds Entlassung aus der fast dreizehnjährigen Haft in Washington und seiner Rückkehr nach Italien, verbrachten Cookson und seine Mutter einige Tage mit Pound auf der Brunnenburg in Südtirol. Hier erteilte Pound Cookson seinen Auftrag, eben die *Agenda*. Anfänglich war die Zeitschrift fast ausschließlich ein Sprachrohr für Pounds ökonomische und politische Ideen. Obwohl Cookson diese nie anzweifelte, wurde *Agenda* unter dem Einfluss des stets wachsenden Kreises seiner Künstler- und Dichterfreunde zum maßgebenden Ort für Lyrik, nicht nur der britischen, sondern der Lyrik aller Kontinente, wobei Übersetzungen ins Englische viel Platz eingeräumt wurde. Beachtung fanden vor allem jene Hefte, die einem einzelnen Dichter gewidmet waren.

Dass William Cookson keineswegs eitel war, zeigt die Tatsache, dass er nur wenige seiner eigenen Gedichte in *Agenda* publizierte. Seit Sommer 2003, also nach seinem Tod, stehen sie nun alle in dem ihm zu Ehren erschienenen *Agenda*-Band 39, No. 4. In einem autobiographischen Fragment, seinem Beitrag zu *Sons of Ezra: British Poets and Ezra Pound* (1995), schrieb Cookson, vor der Begegnung mit Pound seien seine eigenen Verse voller Naturbilder, Träume, Allmenden, wildwachsendem Wald und Birken gewesen, die aus einer einsam verbrachten Kindheit in der Wildnis einer abgelegenen Gegend Surreys stammten. Das waren die Kriegsjahre, in denen viele Londoner aufs Land gezogen waren. Andere Bewunderer Pounds haben ebenso von Bildungsgut überfrachtete Verse wie Pound selbst geschrieben. Nicht so Cookson. Pounds drei Grundregeln des Imagismus – direkte Behandlung des Gegenstands, kein überflüssiges Wort und musikalische Phrasierung – genügten ihm, zusammen mit dem, was Pound über gewisse Leute gesagt hatte, die sich in Phantasmagorien bewegten, das heißt, dass die Bilder ihrer Götter, ganze Landstriche, Hügelzüge und Wälder sie ständig begleiteten. Auch hat ihn die Pound überlieferte Äußerung Brancusis in seinem Festhalten am Kindlichen bestätigt: „Quand nous ne sommes plus enfants, nous sommes déja morts." (Wenn wir nicht mehr Kinder sind, sind wir schon tot).

Was William Cookson für das bessere Verständnis Pounds außerhalb von *Agenda* geleistet hat, kann nicht hoch genug gelobt werden. 1973 erschien seine ausgezeichnete Auswahl von Ezra Pounds Prosatexten (*Selected Prose 1909–1905*), 1985 die erste Ausgabe seines *Guides to the Cantos of Ezra Pound,* und 2001 die zweite überarbeitete Ausgabe.

Walter Baumann

Anhang

17 June

ALBERGO GRANDE ITALIA & LIDO
DIRETTAMENTE AL MARE
RISTORANTE ALL'APERTO TUTTO L'ANNO
SPIAGGIA PROPRIA - GARAGE
RAPALLO

TEL. CENTR. 24.83 - 80.80 - 80.14

Dear C/n

You have missed the point in letter of a couple of months ago.

(1)

The USE of a 4 page leaflet is to get over ideas uhbbh unprintable elsewhere.

They do NOT stay the same. No use in Agenda saying to 70 people what American Mercury , Candor , and even Action are NOW saying to MORE people. but weren't last October.

(2) to form a group . you went into adverse and lost the BINbinides instead of finding a third man.

Gordon might support you , BUT he really wants a place for his Mencius and what he was supposed to be doing needs more than a couple of pages .

IF he can swing it.

3/ a group that collects news.

and/or indicates where lively articles are being printed, Agenda hasn't shown the seeing eye.

Stock reads , apparently a prodigious amount and is constantly digging up both past and current items.

That was why I told you to get with him ,

BUT he hasn't managed to get you to work ,

i.e. deputize you.

Ergo I suggested stop.

alternative : suspension. during which :exploration.

and gathering of information.

best to yr. ma

.I am trying to turn yr eye OUTward, possibly in too much of a hurry.

EP

Ein Brief von Ezra Pound an William Cookson

William Cookson auf der Ezra Pound-Tagung in Durham 1979

William Cookson im Lehnstuhl

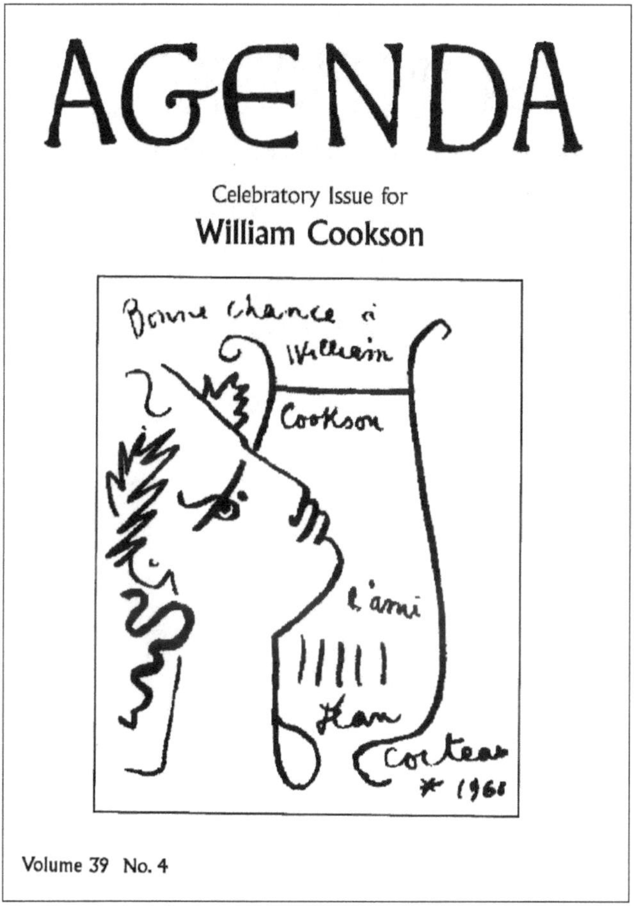

Umschlag der Gedenknummer von *Agenda* mit der Cocteau-Karikatur von William Cookson aus dem Jahr 1968

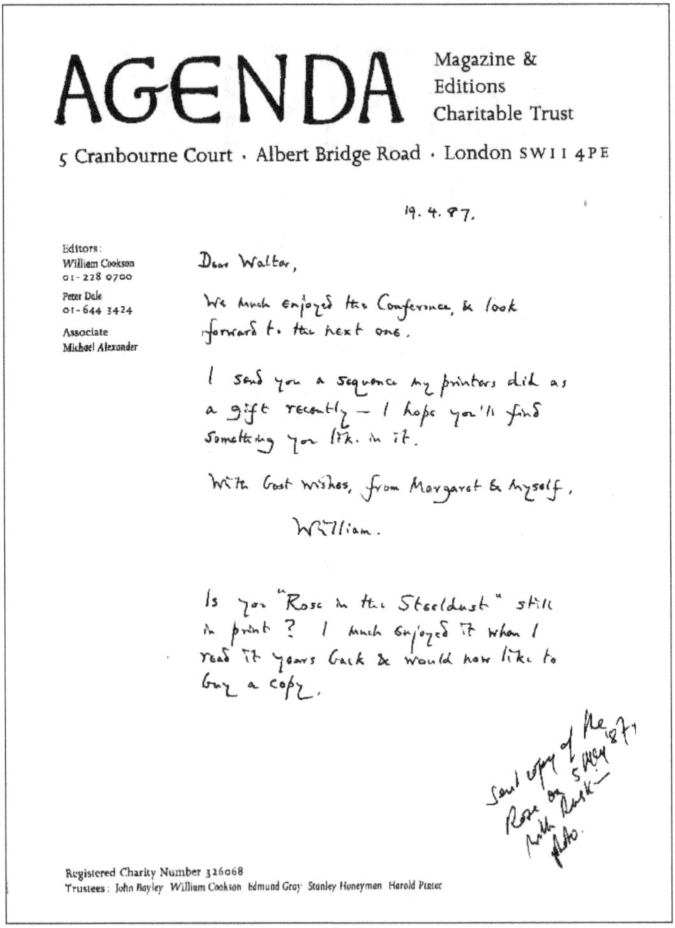

AGENDA

Magazine & Editions Charitable Trust

5 Cranbourne Court · Albert Bridge Road · London SW11 4PE

19. 4. 87.

Editors:
William Cookson
01-228 0700
Peter Dale
01-644 3424
Associate
Michael Alexander

Dear Walter,

We much enjoyed the Conference, & look forward to the next one.

I send you a sequence my printers did as a gift recently – I hope you'll find something you like in it.

With best wishes, from Margaret & myself,

William.

Is your "Rose in the Steeldust" still in print? I much enjoyed it when I read it years back & would now like to buy a copy.

Sent copy of the Rose on 5 May '87 with Rusk– photo.

Registered Charity Number 326068
Trustees: John Bayley William Cookson Edmund Gray Stanley Honeyman Harold Pinter

Brief von William Cookson an Walter Baumann

Inhalt

MIX
Papier | Fördert gute Waldnutzung
FSC® C083411

Zeitfracht Medien GmbH
Ferdinand-Jühlke-Straße 7
99095 Erfurt, Deutschland
produktsicherheit@kolibri360.de

Druck:
CPI Druckdienstleistungen GmbH
im Auftrag der
Zeitfracht Medien GmbH
Ein Unternehmen der Zeitfracht - Gruppe
Ferdinand-Jühlke-Str. 7
99095 Erfurt